LO MEJOR PARA BARBACOAS

DATE DUE

EDIMAT Libros

www.edimat.es

Contenido

Introducción

No hay nada como el olor de una barbacoa para estimular el apetito, y es una forma muy divertida de distraerse. Este libro está lleno de recetas tradicionales populares, así como también de platos innovadores. Hay ideas para cada plato y cada ocasión.

La carne y las aves han sido siempre clásicas en las barbacoas y hay apetitosas sugerencias para filetes, costillas, chuletas y salchichas. El marisco es ideal para rápidas broquetas, mientras que el pescado puede cocinarse entero o en filetes. Los vegetarianos pueden elegir desde verduras chamuscadas, broquetas de *tofu* especiado e incluso sabrosas *pizzas*. Y si nunca ha probado las bananas asadas u otros postres a la barbacoa, prepárese para toda una nueva experiencia.

La introducción ofrece una guía sobre cómo elegir y encender una barbacoa. Trucos para conseguir que su barbacoa esté libre de riesgos, sea saludable y un verdadero placer. Las recetas para marinadas y salsas complementan a muchos de los acompañamientos en las recetas individuales, y los trucos ofrecen sugerencias para hacer de cada barbacoa una auténtica fiesta.

Con las recetas guiadas y las ilustraciones, su barbacoa será un éxito. Lo único que este libro no puede garantizar es el tiempo.

Elegir una barbacoa

La variedad de barbacoas en el mercado es enorme, por lo que es importante elegir una que se adapte a sus necesidades y al número de personas para las que normalmente cocina.

Barbacoas Hibachi:

Estas pequeñas barbacoas de hierro fundido son baratas, fáciles de usar y de transportar. Ahora se hacen versiones más ligeras en aluminio o acero.

Barbacoas de brasero:

Estas barbacoas abiertas son apropiadas para usar en un patio o jardín. La mayoría tienen patas o ruedas y es una buena idea comprobar que la altura sea la correcta. La zona del grill varía en tamaño y la barbacoa puede ser redonda o rectangular. Es útil elegir una que tenga una estantería unida al lado.

Barbacoas permanentes:

Ésta es una buena idea, si hace barbacoas en casa, y se puede construir de forma sencilla y barata. Se pueden construir con ladrillos normales, pero es mejor revestir el interior con ladrillos resistentes al fuego, que soportan mejor el calor. Úsese una estantería de metal para el combustible y una rejilla a cualquier altura. Se pueden encontrar lotes que contienen todo lo que usted necesita para construir una barbacoa.

Barbacoas con grill en forma de olla:

Éstas tienen una tapa grande que se puede usar de rompevientos; al cerrar, la tapa le permite usar la barbacoa como un horno.

Barbacoas de gas:

Su principal ventaja es su comodidad: el calor es instantáneo y fácil de controlar.

Encender el fuego

Seguir estas instrucciones básicas para encender el fuego, a menos que se tenga carbón vegetal de autoignición.

1 Extender una capa de combustible sobre la base de la barbacoa, para reflejar el calor y que la limpieza sea más fácil.

2 Extender una capa de combustible en la rejilla del fuego con una profundidad de 5 cm/2 in. Apilar el combustible en una pequeña pirámide en el centro. Poner 1 o 2 astillas en el centro o 3 cucharadas de líquido de encender sobre el combustible y dejar 1 min.

3 Encender con un trozo de papel o cerilla durante 15 min. Extender el carbón y dejar 30-45 min, hasta que el carbón quede cubierto con una película de cenizas, antes de cocinar.

Tipos de combustible

Una barbacoa de gas o eléctrica no necesitará combustible extra, pero la mayoría usan carbón vegetal o madera.

Carbón vegetal en trozos de madera:

Se suele hacer de madera blanda y viene en troncos. Más fácil de encender que las briquetas, tiende a quemarse más rápido.

Carbón vegetal de cáscara de coco:

No es fácil de conseguir, pero es un buen combustible para barbacoas pequeñas.

Briquetas de carbón vegetal:

Éstas arden mucho rato con muy poco olor y humo. Sin embargo, tardan en encender.

Maderas o hierbas:

Diseñadas para añadir al fuego y dar un agradable aroma a la comida. Si se empapan, duran más. Esparcirlas sobre los carbones en la cocción, o colocarlas en una bandeja de metal bajo el grill.

Madera:

El roble, manzano, olivo y cerezo son ideales para barbacoas, puesto que se queman despacio con un agradable aroma.

Técnicas

Marinar

Las marinadas añaden sabor y humedad y también se usan para ablandar alimentos, especialmente la carne. El aceite se incluye normalmente en una marinada: la cantidad depende de si el alimento es magro o tiene un alto contenido en grasas. Colocar la comida en una capa, verter encima la marinada y volver la comida para mezclar bien.

Marinada básica para barbacoa

Puede usarse para carne o pescado.

1 diente de ajo, machacado
3 cucharadas de aceite de oliva
   o girasol
3 cucharadas de jerez seco
2 cucharadas de salsa Worcester
1 cucharada de salsa de soja oscura
pimienta negra recién molida

Marinada de hierba

Es apropiada para pescado, carne y aves.

½ cucharada de vino blanco seco
4 cucharadas de aceite de oliva
1 cucharada de zumo de limón
2 cucharadas de hierbas frescas partidas,
   como perejil, tomillo, cebollino
   o albahaca
pimienta negra

Marinada de cítricos y miel

Es buena para pescado y pollo.

ralladura y zumo de ½ lima,
   ½ limón y ½ naranja
3 cucharadas de aceite de girasol
2 cucharadas de miel
1 cucharada de salsa de soja
1 cucharadita de mostaza
   de Dijon
pimienta negra

Salsa rápida de barbacoa

Es muy fácil y rápida de preparar, y ensalzará el sabor de salchichas, hamburguesas o filetes a la barbacoa. Tiene un sabor ácido.

3 cucharadas de encurtido dulce
1 cucharada de salsa Worcester
2 cucharadas de ketchup
2 cucharadas de mostaza
   preparada
1 cucharada de vinagre de sidra
2 cucharadas de salsa marrón

Cocinar en aluminio

Las comidas delicadas, o las que es mejor cocinarlas en su propio jugo, pueden cocinarse en aluminio, bien en la rejilla o directamente sobre los carbones con artículos más fuertes, como patatas y calabaza.

1 Cortar 2 piezas de aluminio, haciendo una capa doble suficientemente larga para envolver la comida. Engrasar el aluminio con mantequilla o aceite, colocar la comida en el centro y añadir condimento.

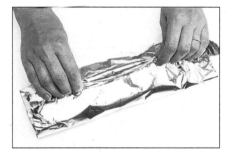

2 Envolver bien los paquetes, girando los bordes del aluminio juntos, para que no se escapen los jugos durante la cocción.

Trucos: La barbacoa es un método seguro de cocinar si se hace sensatamente; usar esta sencilla guía como base.

• Antes de encenderla, asegurarse de que la barbacoa está situada en una superficie firme y que está nivelada. Una vez encendida, no puede moverse.

• Mantener la barbacoa protegida del viento, lejos de árboles y arbustos.

• Seguir siempre las instrucciones del fabricante.

• No intentar acelerar el fuego y no verter líquido inflamable sobre él.

• Mantener a los niños y a los animales lejos del fuego y asegúrese de que el fuego está supervisado por adultos.

• Mantener las comidas perecederas frías hasta que se vayan a cocinar.

• Asegurarse de que las hamburguesas, salchichas y aves están bien cocinadas; el jugo no debe estar rosa.

• Lavarse las manos antes de manipular carnes crudas y antes de tocar otras comidas; no usar los mismos utensilios para comidas crudas y cocinadas.

• Tener un cubo de arena y un spray con agua a mano.

• Quitar el exceso de grasa de la carne y no hacer las marinadas demasiado aceitosas; la grasa puede causar peligrosas llamaradas.

• Usar herramientas de barbacoa de mango largo para girar la comida; tener guantes de horno a mano.

• Mantener las comidas crudas separadas de las cocinadas, para evitar posibles contaminaciones.

Alcachofas asadas con salsa de aceite y limón

Las alcachofas pequeñas asadas sobre la barbacoa son deliciosas.
Terminar la salsa mientras las alcachofas se enfrían.

4 personas

INGREDIENTES
1 cucharada de zumo de limón
   o vinagre de vino blanco
2 alcachofas cortadas
1 limón
12 ajos sin pelar
6 cucharadas de aceite
   de oliva
sal marina
perejil para adornar

2 Con un cuchillo afilado cortar 2 tiras de piel de limón. Colocar la piel en una cazuela con agua. Llevar a ebullición, hervir 5 min. Escurrir, pasar por agua fría y partir. Reservar. Exprimir el zumo y reservar.

1 Añadir el zumo de limón o el vinagre de vino a un bol de agua fría. Cortar cada alcachofa a lo largo en gajos. Extraer la parte peluda del centro de cada gajo, echarlos en el agua del bol.

3 Escurrir las alcachofas y colocar en una bandeja con el ajo. Añadir la mitad del aceite y sal. Asar 15-20 min, volviéndolas, hasta que estén tiernas y un poco chamuscadas.

4 Colocar las alcachofas en un plato y dejar enfriar 5 min. Chafar los ajos con un tenedor para extraer sus jugos.

5 Hacer un puré con la pulpa del ajo, y añadir la ralladura de limón. Con un tenedor batir el resto del aceite de oliva y el jugo de limón, y verter sobre el ajo. Servir las alcachofas con la salsa de limón.

Alas de pollo sazonadas

Estos deliciosos bocaditos apetecerán a niños y adultos por igual,
aunque quizá los niños lo prefieran menos picante.

4 personas

INGREDIENTES
8 alas de pollo
2 ajos grandes, cortados a láminas
1 cucharada de aceite de oliva
1 cucharada de *paprika*
1 cucharadita de guindilla en polvo
1 cucharadita de orégano seco
1 cucharadita de sal
1 cucharadita de pimienta negra
   recién molida
gajos de lima para servir

1 Usando un cuchillo afilado, hacer unos
cortes en la piel de cada ala y poner una
lámina de ajo en la piel. Engrasar las alas
con aceite de oliva.

2 En un bol grande, mezclar *paprika*,
guindilla en polvo, orégano, sal y pimienta
negra. Añadir las alas de pollo y mezclar
bien.

3 Asar en la barbacoa las alas de
pollo 15 min hasta que tengan la piel
ennegrecida y crujiente. Servir con
gajos de lima.

VARIACIÓN: Trozos de pechuga
y muslos pequeños también pueden
cocinarse así.

Costillitas asadas en la barbacoa

Las costillas siempre son uno de los platos favoritos en las barbacoas.
Aquí están cubiertas de una rica salsa con un toque de sazón.

6-8 personas

INGREDIENTES
1 trozo de costillas de cerdo,
   de 675 g/1 ½ lb
6 cucharadas de jerez dulce
1 cucharada de tomate
   concentrado
1 cucharadita de salsa de soja
   y ½ cucharadita de tabasco
1 cucharada de azúcar
2 cucharadas de harina
   sazonada y sal

1 Separar las costillas; después, usando un cuchillo fuerte, cortar cada costilla por la mitad a lo ancho hasta hacer 30 piezas.

2 Mezclar el jerez, el tomate concentrado, la salsa de soja, el tabasco y el azúcar. Revolver en ½ cucharadita de sal.

3 Pasar las costillas por la harina sazonada en una bolsa de plástico, después empapar cada costilla en la salsa del jerez.

4 Colocar las costillas en la rejilla de la barbacoa y cocinar sobre carbones calientes durante 30-40 min, hasta que estén asadas y un poco carbonizadas. Espolvorear con sal y servir en seguida.

VARIACIÓN: Usar zumo de naranja recién exprimido en lugar de jerez.

Koftas

Una manera divertida de servir cordero picado picante. Estos sabrosos *kebabs* están llenos de sabor mediterráneo.

4 personas

INGREDIENTES

1 ¼ tazas de yogur griego
¼ pepino, a dados
2 cucharadas de menta fresca, cortada fina
sal y pimienta negra recién molida
4 tazas de cordero picado
1 ½ tazas de migas de pan fresco integral
1 cebolla, rallada
1 cucharadita de comino molido
2 dientes de ajo chafados,
1 huevo, batido
¼ de taza de caldo de pollo o de cordero

1 Para hacer la salsa de yogur, batir el yogur en un bol pequeño hasta que quede cremoso. Añadir el pepino en dados y la menta, y revolver bien. Salpimentar. Refrigerar hasta que se necesite.

2 Colocar el cordero picado en un cuenco y majar completamente con un tenedor hasta formar una pasta homogénea.

> CONSEJOS: Sumergir los palos de madera de los *kebabs* en agua fría durante 30 min antes de usarlos, para evitar que se quemen.

3 Añadir las migas de pan y la cebolla. Echar el comino molido y el ajo. Salpimentar.

4 Echar el huevo y los trozos de cordero o pollo con un tenedor. Con sus manos, moldee la mezcla hasta que quede suave.

5 Presionar con las manos enharinadas la mezcla de la carne en forma de pequeñas «salchichas» y colocarlas en fila sobre una bandeja.

6 Insertar las «salchichas» en los palos de madera de los *kebabs* (ver Consejos) y asar encima de carbones durante 30 min, volviéndolos de cuando en cuando. Servir los *koftas* con el yogur, pepino y salsa de menta, y una ensalada verde.

Kebabs de pescado tricolor

No hay que marinar el pescado más de una hora o el jugo de limón romperá las fibras y será difícil no cocinarlo demasiado.

4 personas

INGREDIENTES
½ taza de aceite de oliva
jugo y ralladura de 1 limón
1 cucharadita de guindilla molida
350 g/12 oz de pez espada, a trozos
350 g/12 oz de salmón, a trozos
350 g/12 oz de pejesapo, a trozos
2 pimientos rojos, amarillos
   o naranjas, cortados
   a cuadrados
2 cucharadas de perejil
   fresco picado
sal y pimienta negra

PARA EL TOMATE DULCE
Y LA SALSA DE GUINDILLA
225 g/8 oz de tomates maduros,
   cortados
1 diente de ajo molido
1 guindilla fresca picada
3 cucharadas de aceite de oliva
   extra virgen
1 cucharada de zumo
   de limón
1 cucharada de perejil
   fresco picado
1 pizca de azúcar

1 Poner el aceite en un bol y añadir la ralladura y el zumo de limón, los trozos de guindilla y la pimienta. Batir y mezclar bien, añadir los trozos de pescado. Darles vueltas para cubrirlos bien.

2 Añadir los trozos de pimiento, cubrir y marinar en sitio frío durante 1 h, dándole la vuelta ocasionalmente.

3 Mientras, hacer la salsa mezclando bien todos los ingredientes en un bol y salpimentando. Cubrir y enfriar hasta que se necesite.

4 Insertar el pescado y los pimientos en broquetas de metal aceitadas, reservando la marinada. Asar las broquetas 5-8 min, volviéndolas una vez. Calentar la marinada reservada.

5 Espolvorear la marinada caliente con perejil picado, sal y pimienta. Servir los *kebabs* de pescado calientes, cubiertos con la marinada, y acompañados de la salsa de tomate dulce y guindilla.

VARIACIÓN: Usar atún fresco en lugar de pez espada si se prefiere. Tiene una textura fibrosa similar.

Salmón con marinada de hierbas

Aproveche al máximo las hierbas de verano en esta receta, que está pensada
para la barbacoa. Usar cualquier combinación, según su gusto personal
y lo que tenga a mano.

4 personas

INGREDIENTES
4 rodajas de salmón
ensalada verde, para servir

PARA LA MARINADA
hierbas frescas, como tomillo,
   perejil, salvia, cebollino,
   romero, orégano
6 cucharadas de aceite de oliva
3 cucharadas de estragón
1 diente de ajo machacado
2 cebollas tiernas,
   cortadas
sal y pimienta fresca

2 Mezclar las hierbas con el aceite de
oliva, el vinagre de estragón, ajo, cebollas,
sal y pimienta negra.

3 Colocar el pescado en un bol y verter
encima la marinada. Cubrir con plástico
y dejar en sitio fresco 4-6 h.

VARIACIÓN: Esta marinada es
igualmente buena con ternera, pollo,
cerdo, cordero o cualquier otro tipo
de carne firme.

1 Para la marinada, desechar las hojas
deterioradas de las hierbas y partirlas.
Necesitará 2 cucharadas. Las hierbas;
que queden se pueden espolvorear
sobre el pescado o la ensalada.

4 Embadurnar los pescados con la marinada y asar en la barbacoa 5-8 min, hasta que estén tiernos. Untarlos con la marinada mientras se cocinan. Servir con ensalada verde.

Trucha a la barbacoa

La carne rosada y el fuerte sabor de la trucha hacen que merezca la pena cocinarla de esta forma tan simple.

4 personas

INGREDIENTES
4 cucharadas de mantequilla
   fundida
2 cucharaditas de eneldo fresco
   cortado
2 cucharaditas de perejil fresco
   picado
4 filetes de trucha
3-4 cucharadas de zumo de limón
sal y pimienta negra
hojas de acelga pequeña
   y perejil picado para adornar

2 Untar ambos lados del pescado con la mantequilla a las hierbas antes de colocarlos en una rejilla.

3 Asar el pescado en la barbacoa 5 min, por un lado; girar y cocinar por el otro, untando con la mantequilla.

4 Justo antes de servir, rociar con zumo de limón. Adornar la trucha con hojas de acelga y perejil.

1 Mezclar la mantequilla, eneldo y perejil y salpimentar.

VARIACIÓN: Puede sustituir el eneldo y el perejil por coriandro fresco.

CONSEJOS: También puede asar la trucha entera sin tener que partirla en trozos previamente. Untar con la mantequilla a las hierbas como los filetes antes de poner el pescado en la rejilla; untar las cabezas y las colas con agua y espolvorear con sal gorda para evitar que se quemen.

Besugo con hinojo, mostaza y naranja

El besugo es toda una sorpresa para todo aquel que no conozca su rico y cremoso sabor. Tiene una carne blanca y firme que combina bien con la salsa de mantequilla.

2 personas

INGREDIENTES
2 besugos limpios de 350 g/12 oz
2 cucharaditas de mostaza de Dijon
1 cucharadita de semillas de hinojo
2 cucharadas de aceite de oliva
50 g/2 oz de berros
175 g/6 oz de hojas de lechuga
1 naranja, en gajos
2 patatas asadas, para servir

PARA LA SALSA
2 cucharadas de zumo de naranja congelado
   concentrado
¾ de taza de mantequilla sin sal, a dados
sal y pimienta de Cayena

2 Raspar el besugo por ambos lados 4 veces. Combinar la mostaza y las semillas de hinojo; extender por ambos lados del pescado. Untar con aceite y colocar en una rejilla. Asar 12 min, volviéndolo.

CONSEJOS: Las patatas, pinchadas, untadas con aceite y envueltas en aluminio, se pueden asar en la barbacoa, pero tardan mucho tiempo y la piel se chamusca.

Una alternativa más sencilla es asarlas envueltas en el horno hasta que casi estén hechas y terminar de hacerlas en la barbacoa mientras se hace el pescado.

Otra alternativa es cortarlas en 4 gajos y hervirlas en agua con sal 5 min. Escurrirlas, untarlas con aceite y cocinarlas en la barbacoa 15 min, dándoles la vuelta.

1 Para la salsa, colocar el zumo de naranja en un bol y calentar sobre 2,5 cm/1 in de agua hirviendo. Apartar del calor y, gradualmente, batir la mantequilla hasta que quede cremoso. Sazonar, cubrir y reservar.

3 Humedecer el berro y las hojas de lechuga con el aceite restante, disponer el pescado en platos y poner las hojas mezcladas y la naranja en gajos a un lado. Cubrir el pescado con la mantequilla de naranja y servir con las patatas asadas.

Paquetes de pescado

La lubina es buena para esta receta, pero también se puede hacer con trucha o filetes de pescado blanco, como bacalao o merluza.

4 personas

INGREDIENTES
4 piezas de lubina en filetes o 4 lubinas
    pequeñas, enteras y limpias, de 450 g/1 lb
    cada una
aceite para untar
2 cebollas pequeñas
1 ajo cortado
1 cucharada de alcaparras
6 tomates secados al sol, cortados
4 olivas negras, sin hueso, cortadas
ralladura y zumo de 1 limón
1 cucharadita de páprika
sal y pimienta negra
pan crujiente, para servir
perejil, para adornar

3 Extender las cebollas, ajo, alcaparras, tomates, olivas y ralladura de limón. Rociar con zumo de limón y páprika.

1 Cortar 4 cuadrados de aluminio lo suficientemente grandes como para cubrir el pescado. Untar con aceite.

4 Doblar el papel para cerrar bien el pescado y que no se escapen los jugos. Asar en la barbacoa a fuego moderado 8-10 min. Abrir los paquetes y servir con pan, adornado con perejil.

2 Colocar una pieza de pescado en el centro de cada papel y salpimentar al gusto.

CONSEJOS: Para asar en el horno, colocar en una bandeja y asar a 200 °C/400 °F durante 20 min.

Salmonete con espliego

Cocine de forma novedosa en la barbacoa, añadiendo espliego al salmonete fresco, para dar un sabor delicioso y aromático.

4 personas

INGREDIENTES

4 salmonetes, limpios
   y sin escamas
3 cucharadas de hojas de espliego fresco
   o 1 cucharada de espliego seco
zumo y ralladura de 1 limón
4 cebollas tiernas
4 cucharadas de aceite de oliva
sal y pimienta negra

CONSEJOS: Espolvorear algunas hojas de espliego sobre el carbón caliente mientras se cocina el pescado.

1 Colocar el salmonete en una fuente amplia. Mezclar el espliego, la ralladura y el zumo de limón, las cebollas, el aceite de oliva, sal y pimienta. Verter sobre el pescado, cubrir y dejar marinar al menos 3 h.

2 Escurrir la marinada y quitar la ralladura de limón. Colocar el salmonete en una cesta y asar 5-7 min por cada lado, untando con la marinada de cuando en cuando.

Brochetas de gambas italianas

Las gambas se cocinan en unos minutos y son un bocado delicioso
en las barbacoas.

4 personas

INGREDIENTES
900 g/2 lb de gambas crudas,
   peladas
4 cucharadas de aceite de oliva
3 cucharadas de aceite vegetal
1 ¼ tazas de migas de pan seco
1 ajo machacado
1 cucharada de perejil fresco
sal y pimienta negra
gajos de limón
   para servir

1 Partir las gambas y quitar la vena
oscura. Lavar en agua fría y secar.

2 Mezclar los aceites en un bol y
añadir las gambas; mezclar bien. Añadir
las migas de pan, el ajo, perejil, sal y
pimienta. Mezclar bien todo. Cubrir
y dejar marinar durante 1 h.

3 Insertar las gambas en 4 palos de
brocheta, girándolas para que la cola
quede en el medio. Colocar las brochetas
en la barbacoa y asar 2 min por cada lado,
hasta que las migas de pan estén doradas.
Servir con gajos de limón.

Veneras a la barbacoa con mantequilla de lima

Las veneras frescas se cocinan rápidamente y son ideales para las barbacoas. En esta receta se combinan con lima e hinojo.

4 personas

INGREDIENTES
1 cabeza de hinojo
2 limas
12 cebollas, limpias
1 yema de huevo
6 cucharadas de mantequilla fundida
aceite para untar
sal y pimienta fresca

1 Cortar las hojas con ramas de hinojo y reservarlas. Partir el resto a lo largo en segmentos.

2 Cortar una lima a gajos. Rallar y exprimir el zumo de la otra lima y mezclar la mitad con las cebollas. Sazonar.

CONSEJOS: Insertar las cebollas pequeñas en las brochetas, para que sea más fácil volverlas.

3 Colocar la yema de huevo y el resto de ralladura y zumo de lima en un bol, y batir fuerte hasta que quede suave.

4 Echar poco a poco la mantequilla fundida y seguir batiendo hasta que espese. Partir las hojas de hinojo reservadas y echarlas; salpimentar.

5 Untar los gajos de hinojo con aceite y cocinarlos en la barbacoa 3-4 min, volviéndolos una vez.

6 Añadir las cebollas y asarlas 3-4 min hasta que estén blandas. Transferirlas a un plato precalentado ligeramente y servir con lima, mantequilla de hinojo y gajos de lima.

Pollo untado a la barbacoa

Jerk se refiere a la mezcla de hierbas y especias con las que se unta la carne antes de asarla.

4 personas

INGREDIENTES
8 piezas de pollo
aceite vegetal para untar
hojas de ensalada para servir

PARA LA MARINADA
1 cucharadita de pimienta jamaicana
1 cucharadita de canela molida
1 cucharadita de tomillo seco
¼ de taza de nuez moscada rallada
2 cucharaditas de azúcar
2 ajos machacados
1 cucharada de cebolla cortada fina
1 cucharada de cebolla tierna cortada
1 cucharada de vinagre de vino
2 cucharadas de aceite vegetal
1 cucharada de zumo de lima
1 guindilla picante cortada
sal y pimienta negra

2 Colocar las piezas de pollo en un plato y hacer varios cortes en la piel. Untar con la marinada el pollo en los cortes. Cubrir con plástico y dejar marinar una noche en la nevera.

3 Quitar el exceso de marinada. Untar el pollo con aceite y colocarlo en el grill de la barbacoa. Cocinar 30 min, dándole vueltas. Servir el pollo caliente con hojas de ensalada.

1 Combinar los ingredientes de la marinada en un bol. Con un tenedor majarlos bien hasta que quede hecha una pasta.

CONSEJOS: Si se prefiere una marinada menos picante, quitar las semillas de la guindilla antes de mezclar con el resto de ingredientes de la marinada.

Pollo a la barbacoa con salsa mexicana (pico de gallo)

Este plato procede de México. Su sabor picante y afrutado constituye la esencia de la cocina mexicana.

4 personas

INGREDIENTES
4 pechugas de pollo
1 pizca de sal y pimienta
   de Cayena
2 cucharadas de aceite
   de oliva
hojas de coriandro fresco
   para adornar
pedazos de maíz
   para servir

PARA LA SALSA
275 g/10 oz de sandía
175 g/6 oz de melón
1 cebolla roja pequeña
1-2 guindillas verdes
2 cucharadas de zumo de lima
4 cucharadas de coriandro fresco
1 pizca de sal

3 Añadir el zumo de lima y el coriandro; sazonar con un poquito de sal. Poner la salsa en un bol y guardar en la nevera.

1 Primero hacer la salsa que se utilizará como acompañamiento al plato. Quitar la piel y las pepitas del melón. Cortar en dados la pulpa y poner en un bol.

2 Cortar la cebolla y las guindillas (quitar las semillas). No tocar partes sensibles del cuerpo cuando manipule guindillas. Mezclar con el melón.

4 Cortar las pechugas para que se hagan antes. Sazonar el pollo con sal y pimienta, y untar con aceite. Asar en la barbacoa 15 min, volviéndolo con frecuencia.

5 Poner el pollo en un plato, adornar con coriandro, y servir con la salsa y maíz.

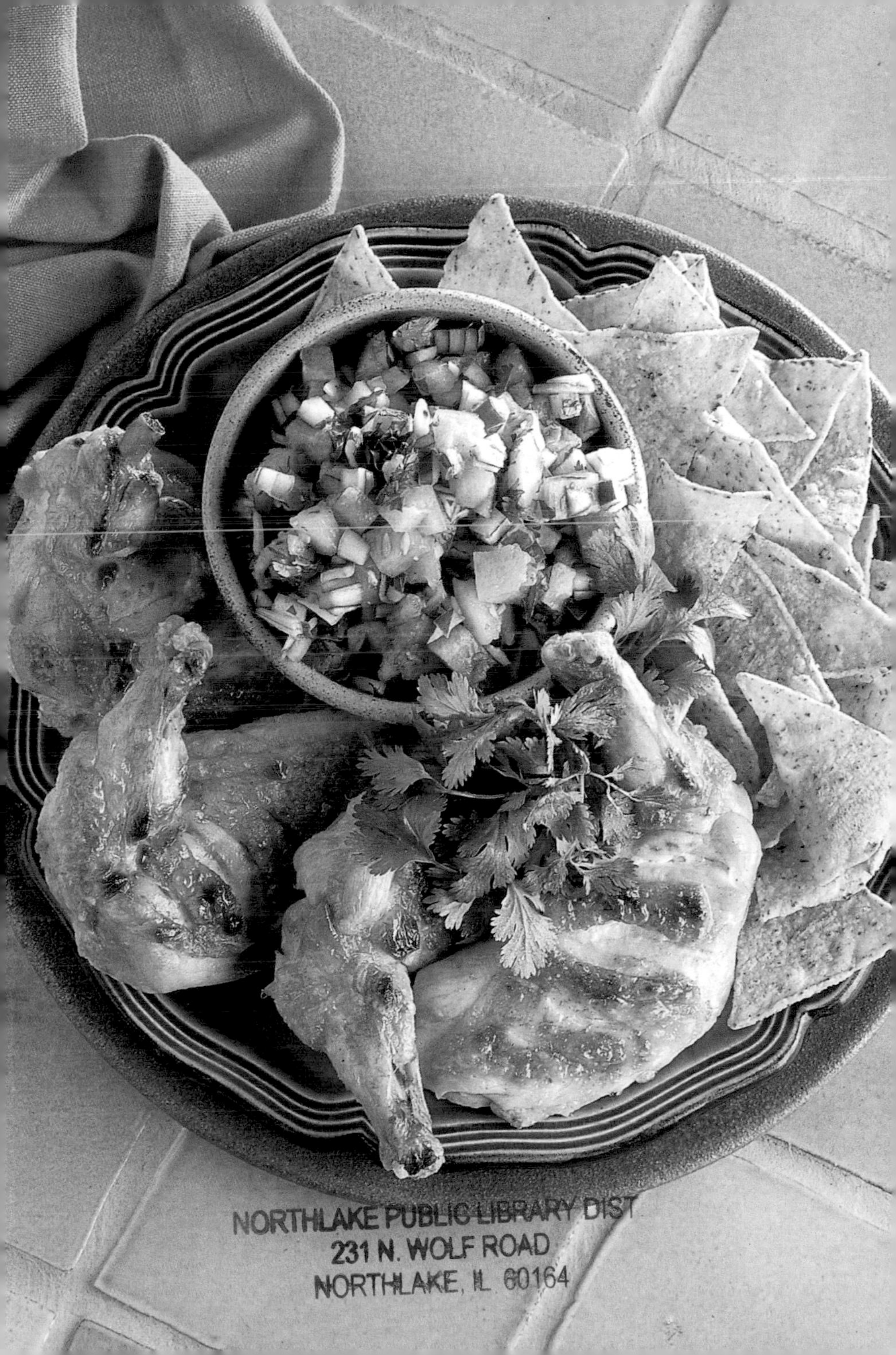

Pechugas de pavo con salsa de tomate y maíz

Las pechugas de pavo son sabrosas, económicas, rápidas e ideales para la barbacoa.

4 personas

INGREDIENTES

4 pechugas de pavo, sin hueso y sin piel,
    partidas por la mitad, de 175 g/6 oz cada una
2 cucharadas de zumo de limón
2 cucharadas de aceite de oliva
½ cucharadita de comino molido
½ cucharadita de orégano seco
1 cucharadita de pimienta negra
sal
hojas de ensalada para servir

PARA LA SALSA

1 guindilla verde picante
450 g/1 lb de tomates cortados
1 ½ tazas de maíz fresco o congelado
3 cebollas tiernas
1 cucharada de perejil fresco
2 cucharadas de coriandro fresco
2 cucharadas de zumo de limón
3 cucharaditas de aceite de oliva
1 cucharadita de sal

1 Con un mazo golpear las pechugas entre 2 láminas de papel hasta que queden delgadas.

CONSEJOS: Aprovechar el pavo asado, fileteado y combinado con la salsa, como relleno para tortillas de maíz.

2 Combinar el zumo de limón, aceite, comino, orégano y pimienta. Añadir el pavo y mezclar bien. Cubrir y reservar 2 h o refrigerar 1 noche.

3 Para la salsa, asar la guindilla sobre el fuego, sujetándola con unas tenazas, hasta que se chamusque por ambos lados. Cuando se enfríe, quitar la piel. Para un sabor menos picante, quitar las semillas. Cortarla y dejarla en un bol.

4 Añadir a la guindilla el resto de ingredientes y mezclar bien. Reservar.

5 Quitar el pavo de la marinada. Sazonar por ambos lados al gusto y probar.

6 Asar las pechugas en la barbacoa 2-3 min, hasta que se doren. Servir inmediatamente, acompañado de la salsa de tomate y hojas de ensalada.

Brochetas de pollo con marinada de cítricos

Servir con hojas de lechuga y adornar con menta fresca y rodajas de limón y de naranja.

4 personas

INGREDIENTES
4 pechugas de pollo, sin hueso y sin piel
hojas de menta fresca, gajos de limón,
   naranja o lima, para adornar
   (opcional)

PARA LA MARINADA
ralladura y zumo de ½ naranja
ralladura y zumo de ½ limón o lima
2 cucharadas de aceite de oliva
2 cucharadas de miel
2 cucharadas de menta fresca cortada
¼ de cucharadita de comino molido
sal y pimienta negra

1 Con un cuchillo afilado cortar el pollo en dados de 2,5 cm/1 in.

2 Mezclar los ingredientes de la marinada, añadir los trozos de pollo y combinar bien. Dejar marinar al menos 2 h.

3 Insertar los trozos de pollo en brochetas y asar 15 min sobre carbón bajo, en la parte más fría de la rejilla. Untar con la marinada y volver con frecuencia. Servir adornado con menta y gajos de cítricos, si se desea.

Salchichas a la parrilla con ciruelas secas y beicon

Las salchichas son un plato constante de las barbacoas y ésta es una forma de variarlo un poco. Servir con pan crujiente.

4 personas

INGREDIENTES
8 salchichas grandes de cerdo
2 cucharadas de mostaza
    de Dijon
24 ciruelas secas, listas
    para comer
8 trozos de beicon ahumado

1 Con un cuchillo afilado, hacer un corte en un lado de cada salchicha, cortándolas unos ¾.

2 Extender la mostaza por la superficie cortada y poner 3 ciruelas en cada salchicha, presionándolas bien.

3 Envolver las salchichas en los filetes de beicon y asegurarlo con palillos.

4 Asar las salchichas en la barbacoa 15-18 min, dándolas vueltas hasta que estén doradas.

Brochetas de cordero

Las brochetas son siempre una buena elección para la barbacoa, porque son fáciles de manipular, tienen un aspecto muy atractivo y lleno de color.

6 personas

INGREDIENTES

675 g/1 ½ lb de cordero magro,
 cortado en trozos de 4 cm/1 ½ in
12 cebollas
2 pimientos verdes,
 cortados en 12 trozos
12 tomates pequeños
12 setas pequeñas
hojas de romero
gajos de limón para adorno
arroz cocido y pan para servir

PARA LA MARINADA

zumo de 1 limón
½ taza de vino tinto
1 cebolla cortada
4 cucharadas de aceite de oliva
½ cucharadita de salvia seca o romero
sal y pimienta fresca

1 Para la marinada, combinar el zumo de limón, vino tinto, cebolla, aceite de oliva y hierbas; sazonar en un bol.

2 Echar los trozos de cordero en la marinada. Cubrir y refrigerar de 2-12 h, revolviéndolo.

> VARIACIÓN: Para dar a este plato un toque final, espolvorear 2 cucharadas de perejil picado y cortar la cebolla en láminas finas.

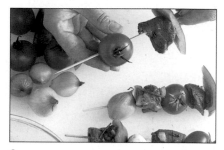

3 Quitar el cordero de la marinada e insertar en 6 brochetas, alternando con las cebollas, pimientos, tomates y setas.

4 Asar los pinchos en la barbacoa 10-15 min. Usar la marinada que sobre para untar los pinchos mientras se hacen, para que la carne no se seque demasiado.

5 Colocar las brochetas sobre una cama de arroz cocido. Adornar con romero fresco y gajos de limón, y acompañar con pan crujiente.

Trozos de cordero con espliego y vinagre balsámico

El espliego tiene un sabor inusual para combinarlo con carne, pero su embriagador aroma va muy bien con cordero asado.

4 personas

INGREDIENTES
4 trozos de cordero con 3-4 chuletas
   cada uno
1 cebolla cortada
3 cucharadas de espliego fresco
1 cucharada de vinagre balsámico
2 cucharadas de aceite de oliva
1 cucharada de zumo de limón
sal y pimienta fresca
hojas de espliego

2 Espolvorear el espliego. Batir el vinagre, el aceite y el zumo de limón y verter sobre el cordero, reservando algo de la marinada para untar. Salpimentar.

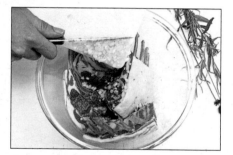

1 Poner los trozos de cordero en un plato amplio y colocar encima la cebolla cortada.

VARIACIÓN: Las chuletas de cordero también pueden cocinarse de esta forma: dejar 10-15 min, volviéndolas de cuando en cuando. Se puede sustituir el espliego por romero o tomillo, si se prefiere.

3 Extender unas hojas de espliego sobre el carbón de la barbacoa. Asar el cordero 15-20 min, girándolo y untándolo con la marinada, hasta que esté dorado y ligeramente rosa en el centro.

Cordero picado y brochetas de ternera

En Oriente Medio estas brochetas se conocen como *"Kabah Kobideh"* y a menudo se sirven con arroz revuelto con yema de huevo crudo y mantequilla fundida.

6-8 personas

INGREDIENTES
450 g/1 lb de cordero magro
450 g/1 lb de ternera magra
1 cebolla grande rallada
2 ajos machacados
1 cucharada de *sumac* (opcional)
2-3 hebras de azafrán, empapadas
   en 1 cucharada de agua hirviendo
2 cucharadas de bicarbonato
6-8 tomates por la mitad
1 cucharada de mantequilla fundida
sal y pimienta negra
arroz cocido, para servir

1 Picar el cordero y la ternera hasta que queden trozos finos. Colocar en un bol grande y echar la cebolla rallada, ajo, *sumac,* azafrán, bicarbonato, sal y pimienta.

2 Amasar con la mano hasta que se emulsione bien todo. Ayuda tener un bol con agua cerca, donde mojar los dedos para evitar que se pegue la carne.

3 Tomar un puñado de carne y hacer una bola. Si aparecen grumos, amasar un poco más la mezcla en el bol.

4 Insertar una bola en una brocheta. Repetir con 3 o 4 más, presionando bien para que no se deshagan.

5 Insertar los tomates por la mitad en 2 o 3 brochetas separadas.

6 Cuando el carbón esté preparado, asar las brochetas de carne y tomate 10 min, untándolas con la mantequilla y girándolas. Servir sobre una cama de arroz.

CONSEJOS: *Sumac* es una especia libanesa con un sabor amargo y afrutado. Está disponible en la mayoría de tiendas orientales, pero no es esencial en esta receta.

Hamburguesa de ternera y setas

Nada puede compararse con el sabor de las hamburguesas hechas en casa.
Aquí se combinan con cebolla, setas y hierbas.

4 personas

INGREDIENTES
1 cebolla pequeña, cortada
2 tazas de setas
450 g/1 lb de carne magra
   de ternera picada
1 taza de migas
   de pan fresco
1 cucharadita de hierbas
   secas
1 cucharada de tomate
   concentrado
harina para moldear
sal y pimienta
pan de *pitta* para servir

1 Colocar la cebolla y las setas
en una batidora y triturar. Añadir
la ternera, las migas de pan, hierbas,
tomate concentrado, sal y pimienta.
Triturar hasta que se mezcle bien
todo.

2 Dividir la mezcla en 8-10 piezas;
moldear en forma de hamburguesa
con las manos enharinadas.

3 Asar en la barbacoa 12-15 min,
dándoles vueltas. Servir con ensalada
y pan.

Filete crepitante de Asia

Éste es un método procedente de Malasia para asar la carne en barbacoa.

4-6 personas

INGREDIENTES
4 filetes de cuarto trasero de 200 g/7 oz
1 ajo machacado
1 trozo de jengibre fresco de 2,5 cm/1 in
2 cucharaditas de pimienta negra
   en grano
1 cucharada de azúcar
2 cucharadas de salsa de tamarindo
2 cucharadas de salsa de soja oscura
aceite vegetal para untar
zanahorias y cebollas tiernas
   para adornar

PARA LA SALSA
5 cucharadas de caldo de ternera
2 cucharadas de ketchup
1 cucharadita de salsa de guindilla
zumo de 1 lima

1 Colocar los filetes en un plato. Mezclar el ajo, jengibre, pimienta negra en grano, azúcar, salsa de tamarindo, salsa de soja y salsa de ostra en un almirez. Rociar con la marinada los filetes. Reservar y marinar durante 8 h.

2 Separar la marinada de la carne y poner en una cazuela. Añadir el caldo, ketchup, salsa de guindilla y zumo de lima, y hervir. Mantener templado a un lado de la barbacoa.

3 Untar los filetes con aceite y asar en la barbacoa 2 min por cada lado. Adornar con las zanahorias cortadas y las cebollas. Servir los filetes con la salsa.

Verduras mediterráneas asadas con pesto

Ésta es una comida en sí misma, o deliciosa servida como acompañamiento. Buscar verduras pequeñas, como berenjenas *baby* y pimientos.

4 personas

INGREDIENTES
2 berenjenas pequeñas
2 calabacines grandes
1 pimiento rojo
1 pimiento amarillo
1 bulbo de hinojo
1 cebolla roja
aceite de oliva,
   para untar

PARA LA SALSA
⅔ de taza de yogur griego
3 cucharadas de *pesto*
sal y pimienta negra

1 Cortar las berenjenas en rodajas de 1 cm/½ in. Espolvorear con sal y dejar escurrir en un colador 30 min. Enjuagar y secar bien con papel de cocina.

2 Cortar los calabacines por la mitad transversalmente. Cortar los pimientos por la mitad, pero dejar el troncho. Trocear el hinojo y la cebolla en segmentos gruesos.

3 Batir el yogur y el *pesto* para hacer una salsa marmolada. Echar en un bol de servir.

4 Disponer las verduras en la barbacoa caliente, untarlos con aceite y salpimentar.

5 Asar las verduras hasta que se doren. Las berenjenas y los pimientos tardarán 6-8 min; los calabacines, la cebolla y el hinojo 4-5 min. Servir con la salsa *pesto*.

Polenta a las hierbas con tomates asados

La polenta dorada con hierbas frescas y tomates dulces asados constituye una barbacoa vegetariana perfecta.

4 personas

INGREDIENTES
3 tazas de agua
    o caldo
1 cucharadita de sal
1 taza de polenta
2 cucharadas de mantequilla
5 cucharadas de hierbas frescas,
    como perejil, cebollino y
    albahaca, más extra para adornar
aceite de oliva para adornar
4 tomates grandes

1 Preparar la polenta con antelación. Poner el agua con sal en una cazuela, llevar a ebullición y echar la polenta. Revolver constantemente a fuego moderado 5 min, hasta que la polenta se desprenda de las paredes de la cazuela y empiece a espesar.

2 Apartar del fuego y echar mantequilla, hierbas y pimienta.

3 Extender la mezcla en un plato engrasado. Dejar hasta que se enfríe totalmente.

4 Cortar la polenta en cuadrados o en círculos. Untar los trozos con aceite de oliva.

CONSEJOS: Puede usarse cualquier mezcla de hierbas frescas, o intentar usar sólo albahaca o cebollino, para un sabor realmente peculiar.

5 Untar los tomates con aceite y salpimentar. Asar los tomates y la polenta a fuego medio en la barbacoa durante 5 min, volviéndolos una vez. Servir adornado con hierbas frescas.

Tofu satay

Trozos de *tofu* ahumado (cuajada de soja) en la barbacoa hasta que estén dorados y crujientes; servir con salsa de cacahuete al estilo Thai.

4-6 personas

INGREDIENTES
2 paquetes de *tofu* ahumado de 200 g/7 oz
5 cucharadas de salsa de soja ligera
2 cucharaditas de aceite de sésamo
1 ajo machacado
1 pimiento rojo y otro amarillo
8-10 hojas de laurel
aceite de girasol

PARA LA SALSA
2 cebollas tiernas
2 ajos machacados
1 pizca de guindilla en polvo o unas gotas
   de salsa de guindilla picante
1 cucharadita de azúcar
1 cucharada de vinagre blanco
2 cucharadas de salsa de soja ligera
3 cucharadas de mantequilla de cacahuete
   crujiente

1 Cortar el *tofu* en taquitos y mezclar con la salsa de soja, aceite de sésamo y ajo. Cubrir y marinar 20 min.

2 Batir los ingredientes de la salsa. Evitar usar una batidora, porque la textura debe de ser con trozos.

3 Cortar los pimientos en cuadrados. Escurrir el *tofu* e insertar los cubos en 8-12 palos para brochetas. Junto con los trozos de pimiento y las hojas de laurel.

4 Untar los *satay* con aceite. Asar en la barbacoa, girando de cuando en cuando, hasta que los ingredientes se doren. Servir caliente con la salsa.

Rollitos de berenjena, tomate y queso Feta

Las berenjenas asadas en la barbacoa, envueltas con queso Feta y condimentadas con albahaca y tomates secados al sol, forman una deliciosa combinación.

4 personas

INGREDIENTES
2 berenjenas
   grandes
aceite de oliva
10-12 tomates secados al sol,
   escurridos
hojas de albahaca
   fresca
150 g/5 oz de queso Feta
sal y pimienta negra
pan de *ciabatta*

2 Enjuagar las berenjenas en agua fría y secar. Untarlas con aceite por ambos lados y asarlas en la barbacoa 2-3 min, volviéndolas una vez hasta que estén doradas.

1 Cortar las berenjenas a lo largo en rodajas de 5 mm/¼ in. Espolvorear con sal y dejar en un colador 30 min.

VARIACIÓN: Los vegetarianos podrían usar *tofu* (cuajada de soja) en lugar de Feta. Rociar con salsa de soja antes de envolver.

3 Arreglar los tomates secados al sol en un extremo de cada rodaja de berenjena y cubrir con hojas de albahaca. Cortar el queso Feta y ponerlo encima. Salpimentar al gusto.

4 Con cuidado, enrollar las rodajas de berenjena para cerrar el relleno. Asar los rollos en la barbacoa 2-3 min, hasta que estén calientes. Servir con *ciabatta*.

Pizza de queso de cabra a la barbacoa

Las *pizzas* en la barbacoa tienen una base deliciosamente dorada y crujiente, que contrasta con la cubierta fundida.

4 personas

INGREDIENTES

1 paquete de bases
   de pizza de 150 g/5 oz
aceite de oliva
⅔ de taza de *passata*
2 cucharadas de salsa de *pesto* rojo
1 cebolla roja, cortada
8 tomates *cherry*
115 g/4 oz de queso de cabra
   en rodajas
hojas de albahaca fresca
sal y pimienta negra

1 Hacer la masa de la pizza según las instrucciones del paquete. Hacer un círculo de 25 cm/10 in de diámetro.

2 Untar la masa con aceite y colocar, con el lado aceitado hacia abajo, sobre la barbacoa a fuego medio. Asar 6-8 min, hasta que esté dorada en la parte inferior.

3 Untar la parte superior de la masa con aceite y cocinar ese lado 6 min.

CONSEJOS: Si la *pizza* comienza a dorarse demasiado por abajo, levantar la rejilla del fuego o colocar papel aluminio debajo de la *pizza*, para ralentizar la cocción.

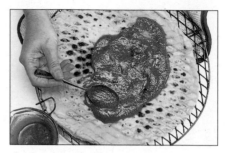

4 Mezclar la *passata* y la salsa *pesto* y extender rápidamente sobre el lado cocinado de la *pizza*, hasta 1 cm/½ in del borde.

5 Colocar la cebolla, los tomates por la mitad y el queso de cabra en rodajas, en la parte superior y salpimentar.

6 Asar la *pizza* en la barbacoa 8-10 min, hasta que esté dorada y crujiente. Espolvorear con albahaca y servir.

Pera aromatizada y paquetitos de arándanos

Esta combinación constituye un postre delicioso para una barbacoa especial en una noche de verano.

4 personas

INGREDIENTES
4 peras maduras y duras
2 cucharadas de zumo de limón
1 cucharada de mantequilla fundida
1 ¼ tazas de arándanos
4 cucharadas de azúcar
pimienta negra recién molida

2 Untar las peras con zumo de limón, para evitar la oxidación.

3 Cortar 4 cuadrados de papel aluminio de doble grosor, suficientemente grande para envolver las dos mitades de peras, y untarlos con la mantequilla.

1 Pelar las peras. Cortarlas por la mitad a lo largo. Sacarles el corazón con un cuchillo afilado.

CONSEJOS: Si desea preparar el postre con antelación, ponga una capa de papel secante dentro del paquete, porque el ácido del limón puede reaccionar con el aluminio y variar el sabor.

4 Colocar las peras en cada papel, con la parte cortada hacia arriba. Doblar hacia arriba el papel.

5 Mezclar los arándanos y el azúcar y echarlos encima de las peras.

6 Espolvorear con pimienta negra. Envolver bien con el papel y cocinar en la barbacoa 20-25 min.

Manzanas asadas al grill sobre tostadas de canela

Este suntuoso y sencillo postre sale mejor con un pan enriquecido, tipo *brioche*, pero un pan dulce y ligero también servirá.

4 personas

INGREDIENTES
4 manzanas dulces
zumo de ½ limón
4 *brioches* individuales
4 cucharadas de mantequilla, fundida
2 cucharadas de azúcar
1 cucharadita de canela molida
nata o yogur griego
    para servir

1 Sacar el corazón a las manzanas y cortarlas horizontalmente en 3-4 rodajas gruesas. Rociar con zumo de limón.

2 Cortar los *brioches* en rebanadas gruesas. Untar con mantequilla ambos lados.

3 Mezclar el azúcar y la canela en un bol.

4 Colocar las manzanas y los bollitos en rodajas en la barbacoa caliente y cocinar 3-4 min, girándolos hasta que se doren.

5 Espolvorear el azúcar con canela sobre las manzanas y las tostadas y cocinar un minuto.

6 Para servir, disponer las rodajas de manzana sobre las tostadas y espolvorearlas con el azúcar y la canela restantes. Servir caliente con nata o yogur.

Bananas asadas con mantequilla condimentada de vainilla

Las bananas asadas son obligadas en la barbacoa; son muy fáciles de hacer porque se asan en su propia piel y no necesitan ninguna preparación.

4 personas

INGREDIENTES
4 bananas
6 vainas de cardamomo verde
1 vaina de vainilla
ralladura de 1 naranja
2 cucharadas de coñac o zumo
   de naranja
4 cucharadas de azúcar
3 cucharadas de mantequilla
yogur griego para servir

2 Mientras, extraer las semillas de cardamomo. Machacarlas ligeramente.

3 Partir la vainilla a lo largo y extraer las semillas. Mezclar con las semillas de cardamomo, ralladura de naranja, coñac, azúcar y mantequilla, hasta formar una pasta.

1 Colocar las bananas con su piel en la barbacoa caliente y dejar 6-8 min, volviéndolas ocasionalmente, hasta que ennegrezcan.

VARIACIÓN: La mantequilla condimentada no es esencial, pero añade sabor extra a las bananas. Los niños quizá prefieran chocolate fundido, mermelada o miel con las bananas.

4 Rajar la piel de cada banana, abrirla un poco y echar un poquito de la pasta. Servir con yogur griego o queso fresco.

Naranjas en almíbar de arce y Cointreau

Ésta es una manera deliciosa de comer naranja y una forma lujosa de terminar una barbacoa de fiesta.

4 personas

INGREDIENTES
4 cucharaditas de mantequilla,
   y un poco más para untar
4 naranjas medianas
2 cucharadas de almíbar de arce
2 cucharadas de Cointreau
   o Grand Marnier
queso fresco
   para servir

1 Cortar 4 cuadrados de doble grosor, suficientes para envolver las naranjas. Untar el centro de cada uno con mantequilla.

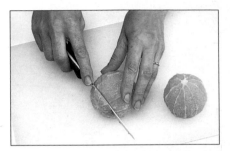

3 Cortar las naranjas en gajos. Colocar cada una en un trozo de papel de aluminio.

4 Doblar el aluminio hacia arriba, dejándolo abierto en la parte superior.

2 Extraer algo de ralladura de naranja para adornar. Blanquearla, secarla y reservar. Pelar las naranjas quitando la parte blanca y guardar el jugo que caiga en un bol.

5 Mezclar el zumo de naranja reservado, el almíbar de arce y el licor, y verter la mezcla sobre las naranjas.

VARIACIÓN: Para una versión sin alcohol, omitir el licor.

6 Añadir un dado de mantequilla a cada paquetito y cerrar bien el aluminio. Colocar los paquetes en la barbacoa caliente 10-12 min, hasta que estén calientes. Servir con queso fresco, cubierto por la ralladura de naranja.

Notas

Para las recetas, las cantidades se expresan utilizando el Sistema Métrico Decimal y el Sistema Británico, aunque también pueden aparecer en tazas y cucharadas estándar. Siga uno de los sistemas, tratando de no mezclarlos, ya que no se pueden intercambiar.

Las medidas estándar de una taza y una cucharada son las siguientes:

1 cucharada = 15 ml

1 cucharadita = 5 ml

1 taza = 250 ml/8 fl oz

Utilice huevos medianos a menos que se especifique otro tamaño en la receta.

Abreviaturas empleadas:

kg = kilogramo

g = gramo

lb = libra

oz = onza

in = pulgada

l = litro

ml = mililitro

fl oz = onza (volumen)

h = hora

min = minuto

s = segundo

cm = centímetro

Copyright © Annes Publishing Limited, U.K. 1999

Copyright © Spanish translation, EDIMAT LIBROS, S. A, Spain, 2002
C/ Primavera, 35
Polígono Industrial El Malvar
28500 Arganda del Rey
MADRID-ESPAÑA

ISBN: edición tapa dura 84-9764-044-6 - edición rústica 84-9764-084-5
Depósito legal: edición tapa dura M-31400-2002 - edición rústica M-31440-2002
Impreso en: COFÁS

Traducido por: Traduccions Maremagnum MTM
Fotografía: Karl Adamson, Edward Allwright,
James Duncan, Ian Garlick, Michelle Garrett, Amanda Heywood,
Janine Hosegood, David Jordan, Don Last, William Lingwood,
Patrick McLeavey, Michael Michaels.

IMPRESO EN ESPAÑA – *PRINTED IN SPAIN*